木村義久
カクテルブック
～今宵、KOBEでソル・クバーノを～

目次

振り返れば五十年 思いつくままに――――4

オリジナル・カクテル

ソル・クバーノ　13
トレロ・デ・サングレ　15
クリスタル・ニッポン　17
ハーバーランド・マティーニ　19
サン・エキスポ　21
ビバ・コウベ　23
ビバ・サヴォイ　25
あけみ　27
ボス　29
ガーネット・フォー・ユー　31
アメイジング・バイオレット　33

ブルー・ベール　35
クリスタル・ジャパン　37
エスメラルダ　39
かすみ草　41
ルペオ　43
ベルデューラ　45
プロスペラール　47
フェリス　49
アマリーロ　51
スントーサ　53

歳月　　成田一徹――――54
「べっぴん」カクテル　　岡崎忠彦――――56

スタンダード・カクテル

カクテルのスタイル――――58
アラスカ　61
ジン・リッキー　63
テキサズ・フィズ　65
ブルー・ムーン　67
ホワイト・レディ　69

マティニ　71
ミリオン・ダラー　73
アドニス　74
ギムレット　75
ジン・トニック　76

ジン・フィズ　77
パリジャン　78
バロン　79
カミカゼ　81
コスモポリタン　83
ジプシー　85
ソルティ・ドッグ　87
ハーベイ・ウォールバンガー　89
バラライカ　91
ブラッディ・メアリー　93
モスコミュール　95
キッス・オブ・ファイヤー　96
スカイ・ボール　97
スレッジ・ハンマー　98
ツァリーヌ　99
アレキサンダー　101
XYZ　103
キューバ・リバー　105
グラスホッパー　107
コウベ・ハイボール　109
サイドカー　111

ジャック・ローズ　113
ソノラ　115
ニコラシカ　117
ニューヨーク　119
ハリケーン　121
ビトウィーン・ザ・シーツ　123
フローズン・ダイキリ　125
ホール・イン・ワン　127
マイアミ　129
マタドール　131
マルガリータ　133
マンハッタン　135
ミモザ　137
モヒート　139
シカゴ　140
シャーリーテンプル　141
スプモーニ　142
ダイキリ　143
ブランディ・サワー　144
ミリオネア　145

【座談会】サヴォイのDNAをつなぐ ——— 146
　—弟子たちが語るバーテンダー木村義久—

小林省三氏の思い出 ——— 156

木村義久プロフィール ——— 157

INDEX ——— 158

振り返れば五十年 — 思いつくままに

「お帰りなさい！」

五十年のバーテンダー人生で、私はいつも、こうお客様に語りかけていました。

バーとはカウンターの内と外で、それほど親しくはないが絶妙の距離感で対峙できる、馴れ馴れしくはないがさほど離れてもいない…そんなバランス感が面白い空間なのです。もちろんそこに介在するお酒が一番の主役ではありますが…。

そういう意味では、バーテンダーは名脇役でなければならないのです。

◆

私がバーテンダーになった経緯をお話ししましょう。

1964年、県立小野高校を卒業した私は、某大学に入学。ところが入学はしたものの、机に座っての勉強よりも人生の勉強をと考え、色々なアルバイトをして、夜はバー通い、という学生生活。結果、家からの学費を使ってしまい退学となりました。

この頃の百貨店の洋酒売り場でのお客様との出会いが、私の人生の方向を決めたともいえるでしょう。ある夏のこと、薄い水色の麻のスーツをビシッと着込んだ方が売り場に現れ、新しく入荷したお酒を買って行かれたのですが、そのすごいオーラに目を奪われました。その人が、今はもう閉められた老舗のバー「ルル」のマスターだということを、後に先輩に連れて行かれたお店で知りました。

同じ頃、当時の朝日会館ビルの地下に「コウベハイボール」

というお店があり、そこでは氷の入らないハイボールを覚えました。マスターは、私が2杯飲むと「お兄さんはもうお帰りなさい」と言って、後は飲ませてもらえませんでした。今思うとウイスキーがダブルで入っていて＜4杯飲んだ＞のと同じくらいなので、私の体を案じての愛情だったと思います。

　そして、当時よく通っていたバーで、私の師匠となる小林省三氏と出会ったのです。心が通うようになり、氏の独立を機に、私もバーテンダーへの一歩を踏み出すことになりました。その店こそが〈SAVOY〉だったのです。

◆

　ではここで、その師匠のことを少し書きます。私はもともとお酒が飲めるほうですが、師匠は本当にゲコで、小さいグラスにビール1杯でもうダウンというほどでした。代わりに(笑)ダジャレを飛ばすのが好きな人で、周りを巻き込んでは楽しんでいました。しかし仕事は本当に徹底していて、例えば掃除の後のチェック、トイレのチェック、グラスのチェック等々、私は毎日叱られていました。

　終戦後はアメリカ軍将校の家のハウスボーイをしながら、酒や料理、英語の勉強もしていたそうですから、きっと努力家なのだと思います。その師匠の厳しい指導があったお陰で、今日までやってこられたのです。

　師匠は1970年大阪万国博覧会のカクテルコンクールに於いて、Sun Expo サン・エキスポ（太陽の万博）でワールドチャンピオンに輝きました。それを機に北長狭の25坪の店（仮店舗と比べるとキャッチボールが出来るくらいの広さだと、笑い話になりましたが…）に移転、阪神・淡路大震災が起こるまでここで営業しました。

震災後は、ハーバーランド・モザイクに約３０坪の店を開店、８年間営業しました。ハーバーランド店オープンの前に、私は半年ほど、大阪のあるお店に入りました。〈SAVOY〉はありがたい事に常連さんが多くいて、それで営業が成り立っていました。しかし、ハーバーランドでは一見さんが大半と見て、そういう方々への接客を体験しに行ったのです。ハーバーランド店開店初日は、店の前に長蛇の列ができて驚きました。バーですから、一人のお客様の滞在時間が読めません。やむなく事情を話し、時間をずらして来ていただくようになりました。

　その間に元の場所に〈SAVOY〉も再建しますが、知人の勧めで生田前筋に移転。そこで４０周年を祝いましたが、その直後に鈴子夫人が亡くなり〈SAVOY〉も閉店となりました。

　最初は仮店舗でスタートしましたが、師匠は良いお客様を沢山持っていて、毎日忙しくしていました。ある時、お客様が師匠のカクテルを待っていらしたので代わりに私が作ると、目の前で流されてしまい、「君のカクテルを飲みに来たんじゃない！」と言われ、大変悔しい思いをしました。また、不機嫌な顔をして立っていると「鏡を見てこい！　そんな顔で前に立たれるとお酒がまずくなる」と叱られました。

　でもそのうちに「一杯作ってみるか？」と言っていただき、嬉しい気持ちでジン・フィズを作ったのを覚えています。それからそのお客様は、ずっと私のカクテルを飲んで下さるようになりました。

　『生業（なりわい）として選んだからには、その世界を極めたい』そんな思いで始めたわけですから、絶対に諦めるつもりはありませんでした。

◆

　2002 年 1 月 8 日、お蔭様でようやく独立することが出来ま

した。店名は〈SAVOY 北野坂〉場所は SAVOY 発祥のすぐ近くです。

　スナック仕様の店でしたが、3カ月かけて自分で店内を改装し、蓄えていたお酒を並べました。この店はバーには不似合いな低カウンターで、遅い時間には常連の方々が、スヤスヤグウグウ…。今も語り継がれる〈SAVOY 北野坂〉の伝説です。2004 年には現在の場所に移転、今度はバーらしくハイカウンターで、まさにオーセンティックバーの雰囲気漂う店となりました。ただし、スヤスヤグウグウは今でもあり、困ったものです（笑）

　早いもので 2012 年には 10 周年を迎えることが出来ました。独立が遅かったので意外に思われるかもしれませんが、私にとっては、嬉しい記念のイベントでした。

　私事になってしまいますが、1980 年サントリー・トロピカルカクテル・コンクールで、嬉しいことにグランプリをいただきました。そのご褒美がニューカレドニア旅行だったのです。

　「天国に一番近い島」と某小説家の言うとおり、本当に時間も忘れ、現代の世知辛いものはすべて忘れての楽しい 1 週間で命の洗濯が出来ました。その島で出会ったのが、最愛の妻です。…あれから 35 年になります。グランプリ作品はSOL CUBANO ソル・クバーノ（キューバの太陽）。まさに二人のキューピッドです。

　あんなこんなで、私の人生は、師匠とバーに彩られているのだと思います。

　次に、弟子たちの話を。

　飯塚君は、お酒が飲めないのに Bar で働いたという面白い

動機で〈SAVOY〉に入りました。初めはお客様から頂くビール
もしかめっ面をして飲んでいました。ところが、今では大のお
酒好き人間となり、どうやらカクテルを作る事と飲む事、両方
の修業をしてきたみたいです。

　日名君は、震災の前の年に〈SAVOY〉に入店しました。ま
だ未成年で面接の時は金髪でした。未成年なので親の一筆が
必要と言うと、翌日に両親が二人で来店、彼のことを頼まれま
した。本人も髪を黒くして出勤してきました。目がキラキラして、
この子はヤルなと思いました。当時の店は2階で、その階段の
両手摺とステップを彼一人で、1週間かかってピカピカにした
のを覚えています。彼とは震災の後、店の片づけをしながら断
水を口実にビールで喉を潤していた思い出があります。

　柳原君は、震災の次の年、世界大会が東京であったときに
入店しました。独特なキャラクター（特にファッション）の持ち
主で、心配の多い人です。でも頼れる人物で、もしかしたら彼
は私の弱みを握っているかも知れません（笑）。彼は私が独立
し、その後、順々に弟子たちが独り立ちした後も〈SAVOY〉に
残り最後まで小林省三を支えてくれました。「ありがとう」とこの
場を借りてお礼を言いたいです。

　森﨑君も、特別なキャラの持ち主です。「高校の体育の教師
免許を持っていて、どうしてバーテンダーなの？」と尋ねるとどう
してもなりたいと言うので、大阪のバーを何店か紹介しました。
しかし、どうしても〈SAVOY〉でないと駄目と言うので入店しま
した。その後、お父さんが突然来店され、「和哉はアスリート
なので、いくら扱いても大丈夫ですからお願いします」と言われ
お引き受けしました。彼はいつも私の横に来て、真剣な眼差し
で仕事を見ていましたね。

衣川君は、〈SAVOY 北野坂〉の仮店舗の時に、友人の頼み
で週に1〜2回夕方から入ってもらいました。お酒の事が知り
たいと言って色々勉強していました。その内にずっとお店に入り
たいと言うので、正式にスタッフになりました。ちょっとトッポイ
ところがありますが、胸の内は明かさず必死で学んでいる姿が
印象的でした。

　岩城さんは、「神戸で仕事がしたい」と言って、NBA の全
国大会が神戸であったその前々日に店に来ました。少しの間当
店で勉強し、知り合いの店に手伝いに行ったり師匠の店に手
伝いに行ったりしていましたが、2008 年〈SAVOY NIÑO〉を
彼女に任せました。さすがに鹿児島の女性は強いです！　初め
のころ泣いていたのが嘘のように、今ではもう一人前以上に頑
張っています。

　安井君は、叔父さんが私の友人でその紹介で当店に来ま
した。初めはどうなるのか心配していましたが、彼はとっても
良い舌の持ち主で、一度味を教えるとチャンと覚えています。
〈SAVOY Puerto〉の一番先輩は森﨑君、二番手は衣川君、
そして安井君が頑張ってくれました。彼は現在家業を継いで
いますが、業種は違えどもサヴォイ魂はしっかり受け継いでくれて
います。

　木下君は、〈SAVOY 北野坂〉で頑張っています。彼はお兄
さんがお客様として来店されていて、弟がバーテンダーになり
たいので頼みますとの事で入店させました。ただ、思い入れが
大き過ぎるのか空回りしているようで心配ですね。まあ、彼は
彼なりに考え、努力しているのでいずれ結果を出してくれると期
待しています。

　最後になりましたが、私には一男二女、三人の子供がおりま

す。私はバーテンダーとは無関係の家に生まれ育ち、不思議な縁でこの道に入りました。自分自身のヤンチャな性格と、お酒に対する真摯な思い入れで歩み出しました。ですから子供達に対しては『人間一度の人生だから、本人がなりたい職業、歩みたい道を進めば良い』との思いでした。

　ところが、ありがたい事に一人息子が跡を継ぐと言ってくれたのです。まさに、青天の霹靂！　私にとっては、考えられない事でした。聞けば、家では少しずつカクテルを作ったり、ウイスキーを試飲していたとのこと。灯台下暗しというか、父として嬉しいやら恥ずかしいやら…。

　今、彼は私の傍らで一生懸命お酒を作っています。親父が元気なうちにいっぱい学びたいと思っているんでしょうかね。でも、まだまだ私はくたばりません…（笑）

◆

　こうやって、皆様にお話ししているうちに、過去の事、現在の事、そして未来へと思いは募ります。

　今回、こうした本を出版するにあたり、様々な方々との交わりを思い出す度、感謝の気持ちでいっぱいです。

　五十年もの永きに渡りカウンターに立ち続けていたのですから、色々なお客様と出会いました。お客様との言葉のキャッチボールは、私にとって新鮮なものでした。経験できない世界のお話を伺う度、なんて幸せな職業なのだろうとも思いました。

　そんなときに思いついたのが、バーテンダーとしての私が感謝の気持ちでお返しする事です。オリジナルカクテルの製作、後輩の育成、社会貢献等々あげればきりがありません。

　今までも、そしてこれからも、その事を心に念じて努めていこうと考えています。

Original Cocktail

Original

グラマラスな南の美人をイメージ。

ラムの原産国であるキューバをイメージし創作しました。

グラスに乗せたグレープフルーツのスライスは現地の女性が被るフラワーハット
を表現しています。

「どうやって飲めばいいの」との問いには「ぜひお客様のご自由に」と返しますが、

初めはストローで冷たい刺激を楽しみ、その後グレープフルーツを食べていただく、

そして最後にグラスに口を付けて直接飲んでいただくと氷が解けてまた違った

味わいに、そしてラムの香りも楽しめます。

（1980 年 サントリートロピカルカクテルコンテスト優勝作品）

ソル・クバーノ / *Sol Cubano*

材料

ホワイトラム　　45 〜 80ml

フレッシュグレープフルーツジュース　　1/2 個 60ml

トニックウオーター　　60ml

グレープフルーツ、ミント

作り方

大型ゴブレットにラムとグレープフルーツジュースを入れステアして
トニックウオーターで満たす

Original

〈血まみれの闘牛士〉

闘牛士が牛との決死的闘技のあと、勝利のサーベルを牛の額にあてた勇壮な姿をイメージして創作しました。

スロージンとライムジュースの爽やかな飲み口に、バーボンウイスキーが追いかけてくる男らしいカクテルです。

（JBAの誌上カクテルコンペでショート部門1位）

トレロ・デ・サングレ / *Tolero de Sangre*

材料

バーボンウイスキー　　40ml
スロージン　　15ml
フレッシュライムジュース　　5ml
アンゴスチュラビターズ　　2dash

作り方

シェイクしてカクテルグラスに注ぐ

Original

度数の高いお酒は甘く感じますので、酒の甘さとライムジュースとコアントロー
でまろやかな甘さに調整しています。
桜の時期に製作しました。お祝い事の時にお飲みいただきたいカクテルです。
ただ、桜の香りを閉じ込めていますが男らしい"武士の酒"ですので、くれぐれも
討ち死になされませんように！

クリスタル・ニッポン /*Crystal Nippon*

材料

ウオッカ　　40ml
ズブロッカ　　10ml
コアントロー　　10ml
フレッシュライムジュース　　1 tsp

作り方

ステアしてカクテルグラスに注ぎ、塩漬けの桜の花を水で洗いそっと
沈める

Original

震災後、ハーバーランドに店を出した時に創作しました。
海辺のお店のロックスタイル・マティーニです。
スタッフドオリーブを使ったのは、潮の感じを出すためで、途中で食べていただく
ことで味が変わって、和の感じを味わっていただけると思います。

ハーバーランド・マティーニ / *Harborland Martini*

材料

ジン　　50ml
ドライベルモット　　10ml
ライムピール
スタッフドオリーブ（アンチョビ）　　2個

作り方

大型ロックグラスを使いステアする

Original

我が師匠、故小林省三氏の作品。1970年大阪万国博覧会にてインターナショナルチャンピオンに輝いたカクテルです。

現在は、くし型にカットしたオレンジをデコレーションしていますが、本来は少し厚めに輪切りにしたオレンジを飾っていました。

この時代はフレッシュのフルーツをあまり使わなかったので、斬新なカクテルでした。

爽やかな飲み口に反して強いカクテルなのですが、昔ながらのお客様に人気があります。

サン・エキスポ / *Sun Expo*

材料

ウオッカ　40ml
アプリコットブランデー　10ml
フレッシュオレンジジュース　30ml
フレッシュレモンジュース　10ml
砂糖　1tsp強
ソーダ　適量

作り方

シェイクして大型ゴブレットグラスに注ぎ、ソーダアップする

Original

少し苦甘く、お酒を飲み始めたフレッシュな男女にぴったりのカクテルです。
ネーミングは 1980 年当時に流行った "VIVA" という言葉の響きから、楽しい
カクテルを表現してみました。
ガリアーノの甘みとグレープフルーツの苦みが絶妙なハーモニーです。

ビバ・コウベ / *Viva Kobe*

材料

ホワイトラム　　45ml
ガリアーノ　　10ml
フレッシュグレープフルーツジュース　　30ml
トニックウオーター　　適量

作り方

シェイクしてトニックウオーターで満たす

Original

〈サヴォイ万歳！〉
大好きなテキーラを使った、とても飲み良いカクテルです。
テキーラの量で強さも調整できるので女性にも喜ばれています。
すっきり飲める夏向きのカクテルで、1980年当時の神戸まつりのサンバの
イメージからネーミングしました。

ビバ・サヴォイ /*VIVA SAVOY*

材料

テキーラ　　45ml
フレッシュオレンジジュース　　45ml
ペパーミントリキュール（ホワイト）　　10ml
フレッシュライムジュース　　10ml
トニックウオーター　　適量

作り方

シェイクしてトニックウオーターで満たす

25

Original

男性は普通、自分の奥さんの話はあまりしないものですが、1975年当時の、
このお客様は酔うと「うちのあけみは〜」と連呼。
飲みながらのおのろけを、こちらは黙ってお聞きしておりました。
この心優しい酒好きのご亭主の、あけみさんへの感謝の告白のカクテルです。
ソーサシャンパングラスを使い、苦み、しぶみ、甘み、全て味わえる一杯です。

あけみ /*Akemi*

材料

ホワイトラム　　30ml
フレッシュグレープフルーツジュース　　20ml
カンパリ　　10ml
スイートベルモット　　10ml

作り方

シェイクしてカクテルグラスに注ぐ

Original

石原裕次郎さんが大好きという、ウオッカ好きのマダムがネーミング！
甘味、酸味、苦味、すべてを分かった方にピッタリ。
大きなカクテルグラスで飲む、少し甘めの強いカクテルです。

ボス /*Boss*

材料

ウオッカ　　45ml
ガリアーノ　　15ml
フレッシュグレープフルーツジュース　　30 ml

作り方

シェイクしてカクテルグラスに注ぐ

Original

1月のマンスリーカクテル。

溢れる愛で、グラスに描いたのは澄み切った赤色。

こんな色のルージュを愛する人にひいてみたいという思いで製作しました。

ガーネット・フォー・ユー / *Garnet for You*

材料

ゴールドラム　　30ml

スロージン　　15ml

グレナディンシロップ　　15ml

フレッシュライムジュース　　20ml

トニックウオーター　　適量

作り方

シェイクしてトニックウオーターを注ぐ

31

Original

2月のマンスリーカクテル。
2月は心なしか寂しい月。
だからこそ愛しいあなたに癒しの心で愛を伝えたい、そんな思いを込めた
カクテルです。

アメイジング・バイオレット / *Amazing Violet*

材料

ズブロッカ　　20ml
パルフェタムール　　15ml
巨峰紫　　5ml
フレッシュライムジュース　　10ml
ジンジャーエール　　適量

作り方

シェイクしてジンジャーエールを注ぐ

Original

3月のマンスリーカクテル。

アクアマリンの誕生石言葉から連想して出来たのはクレバーなカクテル。

このカクテルを飲まれる時は、思いっきりお澄ましで背筋を伸ばして格好よく

お飲み下さい。

ブルー・ベール / *Bleu Vert*

材料

白ワイン　　20ml

ウオッカ　　20ml

ブルーキュラソー　　20ml

作り方

ステアしてレモンピールをかける

Original

4月のマンスリーカクテル。
日本のサムライ魂をグラスに表現しました。
キレの良いサラリとした飲み口は武士道ならぬ日本酒道の真骨頂とも言えるでしょう。

クリスタル・ジャパン / *Crystal Japan*

材料

日本酒　40ml
ズブロッカ　10ml
コアントロー　10ml
フレッシュレモンジュース　2tsp

作り方

ステアして、パールオニオンを飾る

Original

5月のマンスリーカクテル。

エスメラルダとはエメラルドのスペン語で、エメラルドグリーンの配色は新芽・
新緑からイメージしました。

オールドファッショングラスを使わずにソーサグラスを使うことにより、女性向け
にアレンジできます。

このカクテルはお客様のリクエストにより、マンスリーカクテルとして誕生
しました。

エスメラルダ /*Esmeralda*

材料

ホワイトラム　　20ml
グリーンティリキュール　　10ml
フランジェリコ　　10ml
フレッシュグレープフルーツジュース　　20ml

作り方

シェイクして大型カクテルグラスに注ぐ

Original

6月のマンスリーカクテル。
昔、「僕はあなたのかすみ草になりたい」とプロポーズした男性がいたそうな…。
そんな、純な男気のこもったカクテルです。

かすみ草 /*Mist Grass*

材料

コアントロー　　30ml
カカオホワイト　　30ml
フレッシュレモンジュース　　15ml

作り方

大型のグラスにクラッシュドアイスを入れたミストスタイル

Original

7月のマンスリーカクテル。

情熱と勇気で獲得した自由は何物にも変え難いもの。

鮮やかな赤色と、軽い飲み口でドンドンお代わりして下さい。

ルペオ / *Rupeo*

材料

ホワイトラム　　20ml

サンジェルマン　　10ml

クランベリージュース　　20ml

フレッシュライムジュース　　10ml

グレナディンシロップ　　1tsp

ジンジャーエール　　適量

作り方

シェイクしてジンジャーエールを注ぐ

43

Original

8月のマンスリーカクテル。
真夏の緑の森へ森林浴に出かけましょう！
女性向きのカクテルとして誕生しました。

ベルデューラ /*Verdura*

材料

ドライジン　　30ml
グリーンティリキュール　　20ml
ペパーミントリキュール（グリーン）　　10ml
フレッシュグレープフルーツジュース　　30ml
フレッシュレモンジュース　　1tsp
トニックウオーター　　適量

作り方

シェイクして大型ゴブレットに注ぎトニックウオーターで満たす

Original

9月のマンスリーカクテル。

誠実さは繁栄をもたらし、ひいては徳望に繋がる…9月の誕生石サファイアの
宝石言葉から。

甘さの奥にある、わずかな苦味をお楽しみ下さい。

プロスペラール / *Pros Perar*

材料

ウオッカ　20ml
ブルーキュラソー　15ml
フレッシュパイナップルジュース　30ml
フレッシュライムジュース　10ml
トニックウオーター　適量

作り方

シェイクしてトゥールグラスに注ぎトニックウオーターで満たす

47

Original

10月のマンスリーカクテル。
耐えることは希望に繋がる。
幸福な未来に向かって歩んでいく…。
この微妙な色合いで試練を表現してみました。

フェリス /*Feliz*

材料

ホワイトラム　　40ml
サンジェルマン　　20ml
ミントホワイト　　10ml
グレナディンシロップ　　1tsp

作り方

シェイクして砂糖でスノースタイルにしたカクテルグラスに注ぐ

49

Original

11月のマンスリーカクテル。
グラスに鼻を近づけるとアールグレーの香りがして、一口飲むとバナナの味。
まさしくストレスが緩和される気がします。
優しい味ですが、くれぐれも飲み過ぎないように。

アマリーロ / *Amarillo*

材料

ウオッカ　15ml
アールグレー　20ml
バナナリキュール　15ml
フレッシュレモンジュース　10ml
ソーダ水　適量

作り方

シェイクして大型のソーサ型シャンパングラスに注ぎソーダで満たす

Original

12月のマンスリーカクテル。
優しくクリーミーな青色のガウンを貴女に届けます。
燃えたぎる情熱をそっと包んで秘めて下さい。

スントーサ / *Suntusa*

材料

コアントロー　　15ml
マリブ　　20ml
ブルーキュラソー　　20ml
ヨギー　　10ml
フレッシュレモンジュース　　10ml

作り方

シェイクしてカクテルグラスに注ぐ

サヴォイ北野坂
切り絵　成田 一徹

(『カウンターの中から』2011年 クリエテ関西)

歳月

成田 一徹

　以前、木村義久さんに若いときの写真を見せてもらったことがある。十九歳、役者を目指していた頃の小さなポートレートだった。イケメンぶりに目を見張った。しかし正面を見据えた目は挑むように鋭く、底にやり場のない鬱屈を宿しているように見えた。

　いい顔になったな。カウンターの向こうにいる現在の木村さんに視線を移して思った。鋭角的だった甘いマスクは、角が取れて見違えるように柔和になった。ハの字に下がった眉毛は、老いたのではなく、いい歳を重ねてきた何よりの証左なのだと思った。

　師匠であるバーテンダー・小林省三氏と出会わなければ、今の自分はない、木村さんは言う。そして多分その温顔も。荒んでいた頃、何もかも丸ごと引き受けてくれた人。以来、血の繋がりはないが、親として慕い、師匠として尊敬する四十有余年である。最近、木村さんは体調を崩した小林さんと二人暮らしを始めた。バーテンダーという言葉に潜む「優しさ」の意味をかみしめてみる。

（『サントリー ウイスキーヴォイス』第38号、2010年掲載）

55

「べっぴん」カクテル

株式会社 ファミリア

代表取締役社長 **岡崎 忠彦**

　木村マスター、バーテンダー歴50周年おめでとうございます。

　マスターに作っていただくカクテル " ソル・クバーノ "、" バラライカ "、" ジャック・ローズ "、" サイドカー "、" エスメラルダ "。

　そして先日新たに作っていただいた " 別品カクテル "。

　どれも、美味しさはもちろんのこと色がとても綺麗で美しく、まるで神戸の夜景を見ているようです。

　私は昔から、ショートカクテルは3口で飲み干すのが身上で、お店ではタイミングとその場の時間を大事にしているのですが、木村マスターのお店は独特の雰囲気やマスターの洞察力など、全てが心地良い空間だと感じます。

　「好奇心を持ち続けることが大切よ」祖母 坂野惇子の言葉です。

　木村マスターは自分にとって、常に好奇心を刺激される存在でもあります。

　これからもにこやかに「お帰りなさい」と迎えてください。

Standard *Cocktail*

カクテルのスタイル

Fizz｜フィズ

ジンなどのスピリッツに、レモンジュース、砂糖を加えてシェイクし、タンブラーに注いでソーダ水を満たすのが基本的な処方。
Fizzと言う名前は、ソーダ水の炭酸ガスがはじける"シュッ"という音からきた擬声語といわれる。
我が国ではスロージン、クレーム・ド・カカオなどリキュールをベースにしたフィズがよく見られるが、外国ではそれほど一般的ではない。

Buck｜バック

各種のスピリッツにレモンジュースとジンジャーエールを加えて作るのが一般的な処方。
Buckには雄鹿（Stag）の意味があり、キックのある（強い・ハードな）飲み物という意味から名付けられたと考えられる。

Collins｜コリンズ

ウイスキーをはじめジン、ラム、ウオッカなどのスピリッツにレモンジュースと砂糖、あるいはシュガーシロップを加えソーダ水を満たすのが基本形。
フィズと似ているが、グラス（コリンズグラス）が大きく、量もかなり多い。Collinsの名には、このミックスドリンクの創始者の名前（John Collins）からつけられたという説がある。
また、Collinsには歓待の礼状という意味があることから、前夜のもてなしの礼状を二日酔いの状態で書こうとした人が、この飲み物を作って飲んだらスッキリしたのでこの名がついた、という説も広く知られている。

Cooler|クーラー

通常、スピリッツにレモンやライムのジュースと甘みを加え、ソーダ水やジンジャーエールなどを満たす。
Cooler とは冷たく、快い清涼感を感じる飲み物の意味で、ノン・アルコールのものもある。

Rickey|リッキー

スピリッツに新鮮なライム（又はレモン）の実を絞り、ソーダ水を満たすのが基本的な処方。
砂糖・シロップなどは使わず、爽快な酸味がリッキーの身上だが、マドラーで実をつぶしながら好みの味にして楽しむ。
19世紀末、ワシントンの〝シューメーカー〟というレストランで創案され、初めて飲んだ客の名前、カーネル・ジム・リッキー（Colonel Jim Rickey）にちなんで名づけられたという。

Sour|サワー

ウイスキー、ブランデー、各種のスピリッツをベースにレモンジュースと砂糖などで甘酸味を加えて作る。
シンプルなスタイルだが、柑橘類の味わいを生かした多数のいわゆるサワー系ミックスドリンクの代表的な存在（サワータイプに対して、リキュールやベルモットの香味を効かせたミックスドリンクを、アロマチック・タイプということがある）。
ソーダ水を使わないのが原則だが、我が国を含めアメリカ以外の国では、ソーダ水やシャンパンを使う処方も見られる。
Sour とは〝すっぱい〟の意。

Standard

アラスカ / *Alaska*

ロンドンのザ・サヴォイ・ホテルのハリー・クラドックが創作したカクテル。
我国では、グリーンのシャルトリューズを使ったグリーン・アラスカも好まれて
います。

材料

ドライジン　　3/4
シャルトリューズイエロー　　1/4

作り方

シェイクしてカクテルグラスに注ぐ

木村義久レシピ

ドライジン　　4/5
シャルトリューズイエロー　　1/5

シャルトリューズを抑えめにする方が飲みやすくなると考え、変更しています。

Standard

ジン・リッキー /*Gin Rickey*

甘味を加えず、爽やかで酸味の強い味わいがリッキーの持ち味。
マドラーを添える場合は飲み手にライムをつぶして好みの酸味に調整して
いただくため。

材料
ドライジン　　45ml
フレッシュライムジュース　　20ml
ソーダ水　　適量

作り方
ビルドでタンブラーを使用

木村義久レシピ
10オンスタンブラーグラスを使い
ドライジン　　60ml
フレッシュライムジュース　　20ml
ソーダ水　　適量

大きめのグラスを使うので、ドライジンも多めに使います。
氷を入れたタンブラーにジン、フレッシュライムジュースを入れてステアした後、グラスを回しながら
やさしくソーダを満たします。

63

Standard

テキサス・フィズ / *Texas Fizz*

フィズというのは、飲み物の一つのタイプで、日本ではジン・フィズにオレンジジュースを加えたものが一般的である。

材料

ドライジン　45ml
オレンジジュース　20ml
砂糖　2tsp
ソーダ水　適量

作り方

シェイクしてカクテルグラスに注ぐ

木村義久レシピ

ドライジン　30ml
フレッシュオレンジジュース　30ml
フレッシュレモンジュース　20ml
砂糖　2tsp
ソーダ水　適量

ソーダ水の炭酸のシュワシュワ感が損なわれないように、優しく注いでお出ししています。

Standard

ブルー・ムーン /*Blue Moon*

ブルー・ムーンとはひと月に満月が2回巡ることをいいますが、カクテル名となったのは、大気中の塵の影響で月が青く見える現象からきたと思われます。

材料

ドライジン　　30ml
パルフェタムール　　15ml
レモンジュース　　15ml

作り方

シェイクしてカクテルグラスに注ぐ

木村義久レシピ

ドライジン　　40ml
パルフェタムール　　10ml
フレッシュレモンジュース　　10ml

お店ではお酒が強い方のご注文が多いので、甘くせずにお出ししています。

Standard

ホワイト・レディ / *White Lady*

このカクテルは、パリのハリーズ・バーのオリジナルカクテルとして世界的に有名になった。

材料
ドライジン　　2/4
ホワイトキュラソー　　1/4
レモンジュース　　1/4

作り方
シェイクしてカクテルグラスに注ぐ

木村義久レシピ
ドライジン　　45ml
コアントロー　　10ml
フレッシュレモンジュース　　15ml

大きめのカクテルグラスでお出しします。
レディという大人の女性をイメージして作りますので、少し強めです。

Standard

マティニ / *Martini*

まさしく、カクテルの王様である。当初はベルモットの量が多く、甘口のカクテル
だったが、近年ではドライと名のつく辛口が主流となっている。

材料
ドライジン　　3/4
ドライベルモット　　1/4
レモンピール、オリーブ

作り方
シェイクしてカクテルグラスに注ぐ

木村義久レシピ
ドライジン　　50ml
ドライベルモット　　10ml
レモンピール、オリーブ

本来マティニカクテルはそれ程強いものではありませんでした。
でも強く作ってもバランスが良ければ美味いのです。
ベルモットの代わりに日本酒を使うと、サケティーニというカクテルになります。

Standard

ミリオン・ダラー / *Million Dollar*

日本で生まれたカクテルといわれているが、諸説あり定かではない。生まれ
よりも何よりも美味しいカクテルであることが大切なのでは…。

材料
ドライジン　　3/5
スイートベルモット　　1/5
パイナップルジュース　　1/5
グレナディンシロップ　　1 tsp
卵白　　1 個分

作り方
シェイクしてソーサ型シャンパングラスに
注ぐ

木村義久レシピ
ドライジン　　3/5
スイートベルモット　　1/5
ブランデー　　1 tsp
フレッシュパイナップルジュース　　1/5
グレナディンシロップ　　1 tsp
フレッシュレモンジュース　　2dashes
卵白　　1 個分

当時はオールドトムジンが使われていました。

アドニス / *Adonis*

アドニスはギリシャ神話のアフロディナ（ヴィーナス）に愛された美少年の名前。

材料

ドライジン 2/3
スイートベルモット 1/3
オレンジビターズ 1 dash

作り方

ステアしてカクテルグラスに注ぐ

木村義久レシピ

完成されていますのでお店でもこのレシピで作ります。
お好みでオレンジピールを絞りかけることもあります。

Standard

ギムレット / *Gimlet*

イギリス生まれのこのカクテルは、当初プリマスジンとコーディアルのライムジュース（ローズ社製）を使い甘口に作られていた。現在は基本的なスタイルは変わっていないものの、他のカクテルと同様ドライジンを使うようになっている。

材料

ドライジン　　45ml
ライムジュース　　15ml

作り方

シェイクしてカクテルグラスに注ぐ

木村義久レシピ

ドライジン　　45ml
フレッシュライムジュース　　15ml
砂糖　少々

最近はどこでもフレッシュのライムジュースを使用する傾向にありますが、その場合は砂糖を1tspほど加えて甘みを補充します。
ライムが少し入ることによりジンの香りがマイルドになりバランスが取れてきます。

ジン・トニック / Gin and Tonic

正式名はジン・アンド・トニック。レモンスライスを入れると味が引き立つ。

材料
ドライジン　　　45ml
トニックウオーター　　適量

作り方
氷を入れたタンブラーにジンを注ぎ、冷やしたトニックウオーターを満たして軽くステアする
好みでスライスレモンを飾っても良い

木村義久レシピ
ドライジン　　　45ml
トニックウオーター　　適量
フレッシュライムジュース　　10ml

カットライムを入れ軽くステアします。
ライムの甘い香りが欲しいので、あえてライムで作っています。

Standard

ジン・フィズ / *Gin Fizz*

フィズは飲み物の一つのタイプで、このカクテルはジンをベースにしたフィズのこと。

材料

ドライジン　　45ml
フレッシュレモンジュース　　20ml
砂糖　2tsp
ソーダ水　　適量

作り方

ソーダ水以外の材料をシェイクしてタンブラーに注ぎ、氷を加えて冷やしたソーダ水を満たし軽くステアする

木村義久レシピ

配合は変えませんが、ベースのお酒とレモンの酸味と砂糖の甘みのバランスが取れてないと美味しくないです。
カクテルとすれば難しい部類に入るでしょう。
お店ではお好きなジンでお作りしています。

パリジャン / *Parisian*

色目からパリの退廃的なムードを醸し出すようなイメージで作られたと思われる。

材料

ドライジン　　1/3
ドライベルモット　1/3
クレームドカシス　1/3

作り方

シェイクしてカクテルグラスに注ぐ

木村義久レシピ

ドライジン　　　20ml
ドライベルモット　20ml
クレームドカシス　20ml

ステアしてカクテルグラスに注ぐ
シェイクするとどうしても濁るので、すっきりとお出ししたくてステアでお作りします。
ネーミングとは関係なく男性からのオーダーが多いカクテルです。

Standard

バロン /Baron

マティニの変形である。スイートベルモットを使用する処方があるが考慮する必要はない。

材料

ドライジン　　　　2/3
ドライベルモット　　1/3
スイートベルモット　2dashes
オレンジキュラソー　1 tsp

作り方

ステアしてカクテルグラスに注ぐ

木村義久レシピ

バランスの難しいカクテルですので、配合はこのままでお作りしています。

Standard

カミカゼ / *Kami-Kaze*

作者は不明ですが、アメリカで流行り日本に入ってきました。
カミカゼ特攻隊の強くて怖いイメージで作られている。

材料

ウオッカ　　45ml
ホワイト・キュラソー　　1tsp
ライムジュース　　15ml

作り方

シェイクしてオールドファッションドグラスに
注ぐ

木村義久レシピ

ウオッカ　　50ml
コアントロー　　1tsp
フレッシュライムジュース　　10ml

お店ではオールドファッションドグラスに注ぎお出しします。

Standard

コスモポリタン / *Cosmopolitan*

アメリカのテレビドラマ、「セックス・オン・ザ・シティ」に登場したカクテル。

材料

ウオッカ　　30ml
ホワイトキュラソー　　15ml
クランベリージュース　　15ml
フレッシュライムジュース　　1tsp

作り方

シェイクしてカクテルグラスに注ぐ

木村義久レシピ

フレーバードウオッカ　　25ml
グレナディンシロップ　　1tsp
クランベリージュース　　25ml
フレッシュライムジュース　　10ml

お店ではフレーバードウオッカでお出ししています。

Standard

ジプシー /*Gypsy*

別名、ジプシー・クイーン。
密造で生まれたブランデー・リキュールのベネディクティンを使った
食後にお薦めのカクテル。酒精はきついのでお酒の弱い方はご用心を！

材料

ウオッカ　　4/5
ベネディクティン　　1/5
アンゴスチュラビターズ　　1 dash

作り方

シェイクしてカクテルグラスに注ぐ

木村義久レシピ

ウオッカ　　40ml
ベネディクティン　　20ml
アンゴスチュラビターズ　　1 dash

ベネディクティンの甘い香りと味が好きな為このレシピでお作りしています。

85

Standard

ソルティ・ドッグ / *Salty Dog*

塩でスノースタイルにしたオールドファッショングラスに氷を入れ材料を注ぎ
ステアする。

材料
ウオッカ　　30 〜 45ml
グレープフルーツジュース　　適量

作り方
ビルドでオールドファッショングラスを使用

木村義久レシピ
ドライジン　　30 〜 45ml
フレッシュグレープフルーツジュース　　適量

フレッシュのグレープフルーツジュースに塩を溶かせてしまい、ジンを注いでシェイクして作る、
オールドスタイルがあります。
お店では最近、このソルティドッグオールドスタイルのご注文が多いです。

Standard

ハーベイ・ウォールバンガー / *Harvey Wallbanger*

ハーベイという若者が、サーフィン大会で優勝した嬉しさから、海辺の酒場で
このカクテルを思いきり飲んで騒いだあげく、壁をバンバン叩きながら店を出て
行ったという話。
スクリュードライバーにガリアーノを加えたカクテル。

材料
ウオッカ　　45ml
オレンジジュース　　適量
ガリアーノ　　2tsp

作り方
ステアしてタンブラーに注ぐ

木村義久レシピ
お店では大きなコリンズグラスでビルドでお出しします。
ウオッカがたくさん入りますのでお気をつけ下さい。
ガリアーノは最後にフロートにするように注ぎます。

Standard

バラライカ / *Balalaika*

Balalaika はギターに似たロシアの民族楽器。

材料

ウオッカ　2/4
ホワイトキュラソー　1/4
レモンジュース　1/4

作り方

シェイクしてカクテルグラスに注ぐ

木村義久レシピ

ウオッカ　40ml
コアントロー　10ml
フレッシュレモンジュース　10ml

ウオッカ好きの私の友人が来店の折には、必ずオーダーがあるカクテル。強くて美味。

Standard

ブラッディ・メアリー / *Bloody Mary*

ヨーロッパ、特にイギリスでは昔から飲まれている。宗教政策で多くの血を流した
イングランド女王のあだ名に由来している。

材料

ウオッカ　　45ml
トマトジュース　　適量
レモンジュース　　1tsp または 1/6 カットレモン

作り方

タンブラーに氷を入れ、ウオッカ・トマトジュース・レモンジュースを入れステアする。スライスレモンを飾り、マドラーまたはお好みでセロリスティックを添える。さらに、食塩・胡椒・セロリソルト・タバスコソース・ウスターソースなどを別に添える

木村義久レシピ

お店では、胡椒・セロリソルト・タバスコソース・ウスターソースをタンブラーで主材料と一緒にステアします。
出来上がってから最後にブラックペパーを振りかけてお出しします。セロリがある時はスティックにしてお出しします。

Standard

モスコミュール / *MoscowMule*

世界的に有名なカクテル。ジンジャーエールで満たすものが多いが、原則は
ジンジャービアーで満たす。

材料

ウオッカ　　45ml
フレッシュライムジュース　　15ml
ジンジャービアー　　適量

作り方

タンブラーまたはミュールマグに材料を入れ
ステアしジンジャービアーで満たす

木村義久レシピ

レシピは変えませんが、お店ではウオッカに生姜を漬け込んだものを使用します。
ジンジャーエールを使用しますが、和歌山県の生絞りジンジャーエールを使っています。
ミュールマグでお出ししますが、キリッと冷えて美味しいですよ。

95

キッス・オブ・ファイヤー /Kiss of fire

1955年、第5回オールジャパンドリンクスコンクールの第1位作品。
作者は、故石岡賢司氏。

材料

ウオッカ　　1/3
スロージン　　1/3
ドライベルモット　　1/3
レモンジュース　　2dashes

作り方

シェイクして砂糖でスノースタイルにしたカクテル
グラスに注ぐ

木村義久レシピ

作者の意図を考慮して、レシピは変えずにお出ししています。

スカイ・ボール / Sky Ball

ウオッカ製造販売促進のためにネーミングされたものである。

材料
ウオッカ　30ml
フレッシュライムジュース　1/8個
トニックウオーターとソーダ水　同量を適量

作り方
ビルドでスカイボールマグを使用

木村義久レシピ
ウオッカ　60ml
フレッシュライムジュース　1/2個
トニックウオーター　適量

スミノフスカイボールに敬意を表し、フレッシュライムジュースを使いミュールマグでお出ししています。

スレッジ・ハンマー /*Sledge Hammer*

Sledge Hammerとは両手で扱う大きなハンマーの事。転じて強力といった意味がある。

材料

ウオッカ　5/6
ライムジュース　1/6

作り方

シェイクしてカクテルグラスに注ぐ

木村義久レシピ

ウオッカ　5/6
フレッシュライムジュース　1/6
砂糖　1 tsp

ウオッカギムレットとご注文される方もいらっしゃいます。
お店では基本的にショートスタイルでお出ししていますが、ロックスタイルでゆっくりお飲み頂く
ことも可能です。

Standard

ツァリーヌ / *Czarine*

NBA ではツァリーヌと呼ばれているが、ツァリーナ・カクテルが正式だと思われる。

材料

ウオッカ　　2/4
ドライベルモット　　1/4
アプリコットブランデー　　1/4
アンゴスチュラビターズ　　1 dash

作り方

シェイクしてカクテルグラスに注ぐ

木村義久レシピ

非常にバランスの良いカクテルですので配合は変えずお作りしています。
NBAの全国大会の課題カクテルになってからご注文が増えました。アプリコットブランデーの量の少しの差で、味が大きく変わります。

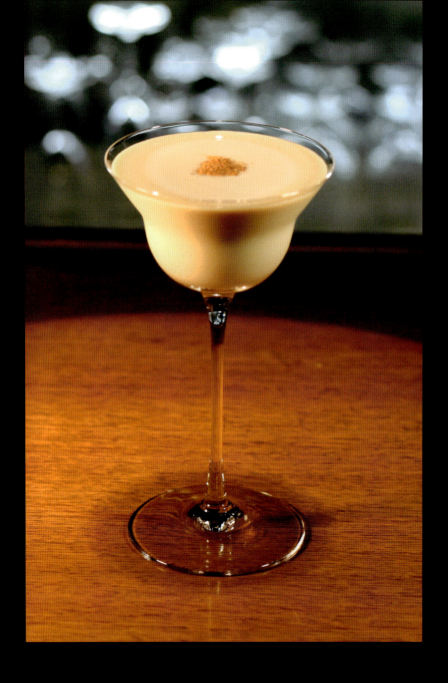

Standard

アレキサンダー / *Alexander*

日本では、1863年に英国王エドワード7世とデンマーク皇女アレキサンドラ
の結婚式に、王に捧げたカクテルといわれている。

材料

ブランデー　　2/4
クレームドカカオ　　1/4
生クリーム　　1/4

作り方

十分にシェイクしてカクテルグラスに注ぐ
好みですりおろしたナツメグを振りかける

木村義久レシピ

完成されていますのでお店でもこのレシピで作ります。
昔は生クリームの香りが濃厚であったため、ナツメグを振りかけていましたが、今は入れなくても
良いと思います。（現在はパウダーを使用する事が多い）
ブランデーを使わずジンを使ったジン・アレキサンダーも好まれています。

Standard

XYZ / XYZ

XYZはアルファベットの終わり、つまり最後のカクテル。
これ以上は無いという最高のカクテルという意味がある。

材料
ホワイトラム　　2/4
ホワイトキュラソー　　1/4
レモンジュース　　1/4

作り方
シェイクしてカクテルグラスに注ぐ

木村義久レシピ
ホワイトラム　　3/5
コアントロー　　1/5
レモンジュース　　1/5

本日の〆のカクテルとして、一気に酔ってお帰り頂けるよう酒精を強めています。

Standard

キューバ・リバー / *Cuba Libre*

Cuba Libre とは自由キューバという意味で、1902 年キューバがスペインか
ら独立した時の民族闘争の合言葉「Viva Cuba Libre！」から来ていると言わ
れている。日本では「クーバ・リブレ」と呼ばれることもある。

材料

ホワイトラム　　45ml
ライムジュース　　10ml
コーラ　　適量

作り方

ビルドでタンブラーまたはゴブレットを使用

木村義久レシピ

ダークラム　　50ml
フレッシュライムジュース　　10ml
コーラ　　適量

お店ではダークラムでお作りしています。

Standard

グラスホッパー /*Grasshopper*

グラスホッパーとは昆虫のバッタのこと。

材料
クレームドカカオホワイト　　1/3
クレームドミントグリーン　　1/3
生クリーム　　1/3

作り方
シェイクしてカクテルグラスに注ぐ

木村義久レシピ
クレームドカカオホワイト　　20ml
クレームドミントグリーン　　15ml
生クリーム　　25ml

ミントグリーンを少なめにして優しく作っています。

Standard

コウベ・ハイボール / *Kobe Highball*

材料を全て冷やし、氷の入らないウイスキーのソーダ割り。
神戸の朝日会館にあった「コウベハイボール」というお店が発祥。

材料
ウイスキー　　適量
ソーダ水　　適量

作り方
タンブラーに注ぎレモンピールをかける

木村義久レシピ
ブレンデッドウイスキー　　50ml
ウイルキンソンソーダ　　190ml
10オンスタンブラーグラスを満たす

お好みでレモンピールを絞りかけます。

Standard

サイドカー / *Side Car*

有名カクテルだけに様々な創作エピソードが伝わっていますが、1933 年パリ
のハリーズ・ニューヨーク・バーのバーテンダーだったハリー・マッケリホーンが
考案し、旅行ブームでパリを訪れる人々の間に広めたという説がある。

材料
ブランデー　　2/4
ホワイトキュラソー　　1/4
レモンジュース　　1/4

作り方
シェイクしてカクテルグラスに注ぐ

木村義久レシピ
ブランデー　　3/5
コアントロー　　1/5
レモンジュース　　1/5

ブランデーの香味が失われないよう、ソフトシェイクでお作りします。あまり泡も立たず香りも逃げ
ません。

Standard

ジャック・ローズ /*Jack Rose*

別名をジャックローズ・デラックスカクテルともいう。

材料
アップルブランデー　2/4
ライムジュース　1/4
グレナディンシロップ　1/4

作り方
シェイクしてカクテルグラスに注ぐ

木村義久レシピ
アップルブランデー　3/4
グレナディンシロップ　1/4
フレッシュライムジュース　1/2 個

フレッシュの場合
アップルブランデー　45ml
フレッシュグレナディン　30ml
フレッシュライムジュース　20ml
グレナディンシロップ　10ml

ざくろの実をペストルでつぶし、後の材料を入れボストンシェーカーでシェイクする。

Standard

ソノラ /*Sonora*

余韻とか響きというスペイン語。

材料
ホワイトラム　　1/2
アップルブランデー　　1/2
アプリコットブランデー　　2dashes
レモンジュース　　1dash

作り方
シェイクしてカクテルグラスに注ぐ

木村義久レシピ
ホワイトラム　　1/2
アップルブランデー　　1/2
アプリコットブランデー　　1tsp
レモンジュース　　1tsp

ラムを使ったカクテルで少し強めと言われたときに作っています。
量が少し多くなるので、大きめのカクテルグラスでお出しします。

Standard

ニコラシカ / *Nikolaschka*

ドイツのハンブルクで生まれたカクテル。

材料

ブランデー　　適量
砂糖　　1tsp
皮付きスライスレモン　　1枚

作り方

リキュールグラスに9分目までブランデーを注ぎ、砂糖を盛ったスライスレモンをグラスの上に乗せる
飲む時は、まず砂糖を盛ったスライスレモンを口に含んで噛み甘酸味が広がったところでブランデーを一気に流し込み口中でカクテルする

木村義久レシピ

ブランデー　　20ml
砂糖　　1tsp
皮付きスライスレモン　　1枚

昔は砂糖の上にコーヒーの粉をトッピングして作っていました。

Standard

ニューヨーク /*New York*

カクテル名からもウイスキーはライまたはバーボンを使用する。

材料
ライウイスキー　　3/4
ライムジュース　　1/4
グレナディンシロップ　　1/2tsp
砂糖　　1tsp

作り方
シェイクしてカクテルグラスに注ぐ

木村義久レシピ
ライウイスキー　　45ml
フレッシュライムジュース　　15ml
グレナディンシロップ　　1/2tsp

ライでもバーボンでもお作りします。ライの場合は少し辛口になります。甘くしたくないので砂糖
は入れません。

Standard

ハリケーン / *Hurricane*

ハリケーンはアメリカ周辺で発生する低気圧のことで、できればアメリカン
ウイスキーを使用したい。

材料

ウイスキー　　1/4
ドライジン　　1/4
ペパーミントリキュール（ホワイト）　　1/4
レモンジュース　　1/4

作り方

シェイクしてカクテルグラスに注ぐ

木村義久レシピ

ウイスキー　　20ml
ドライジン　　20ml
ペパーミントリキュール（ホワイト）　　10ml
フレッシュレモンジュース　　10ml

ミントが効きすぎるとウイスキーやドライジンの味・風味がそがれると思いますし、ハリケーンと
いうイメージで少し酒精を効かしてお作りしています。

Standard

ビトウィーン・ザ・シーツ / *Between the sheets*

Between the sheets とは「ベッドに入って」の意味。
ナイトキャップ向きのカクテルと考えられている。

材料

ブランデー　　1/3
ホワイトラム　　1/3
ホワイトキュラソー　　1/3
レモンジュース　　1 tsp

作り方

シェイクしてカクテルグラスに注ぐ

木村義久レシピ

ブランデー　　20ml
ホワイトラム　　20ml
コアントロー　　10ml
フレッシュレモンジュース　　1 tsp

お店では甘さを抑えてすっきりお作りしています。

Standard

フローズン・ダイキリ / *Frozen Daiquiri*

カクテルのベストテンに入るダイキリよりもよく飲まれるカクテルで、夏は特に
若い女性に好まれる。

材料

ホワイトラム　　40ml
マラスキーノ　　1tsp
フレッシュライムジュース　　10ml
砂糖　　1tsp
クラッシュドアイス　　適量

作り方

全てをブレンダーにかけて大型カクテルグラス
に注ぐ

木村義久レシピ

ホワイトラム　　45ml
グレナディンシロップ　　10ml
フレッシュライムジュース　　20ml
クラッシュドアイス　　適量

お店ではフローズン・ピンク・ダイキリとしてお作りしています。
大きめのカクテルグラスで、夏の夜の夢を！

Standard

ホール・イン・ワン /*Hole in One*

2016年2月16日に初めてホール・イン・ワンを達成し、自分へのお祝いに
作って飲みました。

材料

ウイスキー　　2/3
ドライベルモット　　1/3
レモンジュース　　2dashes
オレンジジュース　　1dash

作り方

シェイクしてカクテルグラスに注ぐ

木村義久レシピ

ウイスキー　　45ml
ドライベルモット　　15ml
フレッシュレモンジュース　　1tsp
フレッシュオレンジジュース　　1tsp

大きめのカクテルグラスに注ぎます。

Standard

マイアミ / _Miami_

ラムとキュラソー系の組み合わせで作られることもあるが、よりマイアミ感を
出せるのはこの処方でしょう。

材料

ホワイトラム　　2/3
ペパーミントリキュール（ホワイト）　　1/3
レモンジュース　　1/2tsp

作り方

シェイクしてカクテルグラスに注ぐ

木村義久レシピ

ホワイトラム　　40ml
ペパーミントリキュール（ホワイト）　　10ml
フレッシュレモンジュース　　10ml

XYZやマイアミビーチと混同されることがあります。

Standard

マタドール / *Matador*

闘牛場を通り抜ける爽やかな風をイメージし、甘いパイナップルジュースと
テキーラとライムジュースの組合せで、口当たりが非常に爽やかなカクテル。

材料
テキーラ　　30ml
パイナップルジュース　　45ml
ライムジュース　　15ml

作り方
シェイクしてオールドファッションドグラスに
注ぐ

木村義久レシピ
テキーラ　　45ml
フレッシュパイナップルジュース　　30ml
フレッシュライムジュース　　10ml

パイナップルの甘味によりコアントローを加えることもあります。
女性に好まれるカクテルです。

Standard

マルガリータ /*Margarita*

アメリカのカクテルコンテストの入選作品で、マルガリータは製作者の恋人の
名前。

材料
テキーラ　　2/4
ホワイトキュラソー　　1/4
ライムジュース　　1/4

作り方
シェイクして塩でスノースタイルにしたカクテル
グラスに注ぐ

木村義久レシピ
テキーラ　　2/4
コアントロー　　1/4
フレッシュライムジュース　　1/4

狩りで恋人を無くした製作者の意図を反映して、レシピは変えずにお作りしています。

Standard

マンハッタン / *Manhattan*

カクテルの女王と呼ばれ、19世紀の半ばから世界の人々に飲み継がれてきた
偉大なカクテル。

材料

ライウイスキー　　3/4
スイートベルモット　　1/4
アンゴスチュラビターズ　　1dash
マラスキーノチェリー、レモンピール

作り方

シェイクしてカクテルグラスに注ぐ

木村義久レシピ

カナディアンクラブ　　50ml
スイートベルモット　　10ml
アンゴスチュラビターズ　　1dash
マラスキーノチェリー

ネイティブアメリカンの言葉で"酔っぱらった"という意味の通り、楽しく酔って下さい。

Standard

ミモザ／*Mimosa*

フランスで昔から、Champagne a orange　として上流階級の間で飲まれて
いたもの。色彩がミモザの花に似ているので、この愛称で呼ばれるように
なった。

材料
シャンパン　　1/2
オレンジジュース　　1/2

作り方
オレンジジュースをグラスに注ぎシャンパン
で満たす

木村義久レシピ
シャンパン　　2/3
フレッシュオレンジジュース　　1/3

シャンパンはシュワシュワ感が残るように思いっきり優しく注いでお出ししています。

Standard

モヒート /*Mojito*

モジートと呼ぶのが正しいとの説もある。

材料

ホワイトラム　　45ml
フレッシュライムジュース　　1/2個
砂糖　　1tsp
ミントの葉　　5〜6枚

作り方

グラスの中でミントをつぶし材料を注いで
ステアする

木村義久レシピ

ゴールドラム　　60ml
フレッシュライムジュース　　1/2個
砂糖　　1tsp
ペパーミントの葉　　5〜6枚

ボストンシェーカーを使い砂糖を溶かしてミントの葉をペストルでつぶす。材料を入れ十分に
シェイクし、クラッシュドアイスを入れた大型オールドファッショングラスに入れ、スペアミントの
葉とストローを添えてお出ししています。

シカゴ / *Chicago*

ブランデーカクテルにシャンパンを加えた形のカクテル。
シャンパン以外の材料をシェイクして、砂糖のスノースタイルにしたフルート型シャンパングラスに注ぎ、後から冷やしたシャンパンで満たすという、贅を尽くしたカクテル。

材料

ブランデー　　45 ml
オレンジキュラソー　　2dashes
アンゴスチュラビターズ　　1 dash
シャンパン　　適量

作り方

シェイクしてシャンパングラスに注ぎシャンパンで満たす

木村義久レシピ

配合はあまり変えませんが、シャンパングラスの大きさで分量は変わります。
リッチな気分でお楽しみ下さい。

Standard

シャーリーテンプル / *Shirley Temple*

Shirley Temple はハリウッドで活躍した名子役。

材料

グレナディンシロップ	20ml
ジンジャーエールまたはレモネード	適量

作り方

タンブラーの中にらせん状に剥いたレモンの皮を入れ、端をグラスの縁に掛ける。氷を入れグレナディンシロップを注ぎ、冷やしたジンジャーエールまたはレモネードを満たして軽くステアする

木村義久レシピ

ノンアルコールカクテルですので、お店でもこのままお作りしています。

スプモーニ / *Spumoni*

カンパリの故郷、イタリア生まれのカクテル。
スプモーニとは"泡立てる"というイタリア語。

材料
カンパリ　　30ml
グレープフルーツジュース　　45ml
トニックウオーター　　適量

作り方
タンブラーでビルドしトニックウオーターで満たす

木村義久レシピ
昔のカンパリは、グサノ・デ・ロホという虫のコチニールという色素を使っていました。氷を入れたタンブラーにカンパリとグレープフルーツジュースを注ぎ、冷やしたトニックウオーターで満たし、そっとステアしてお出しします。

Standard

ダイキリ /*Daiquiri*

キューバのダイキリ鉱山が出来た当時からフレッシュのライムジュースを使い、鉱山技師が酒場で好んで飲んでいたとされるカクテル。

材料

ホワイトラム　　　3/4
フレッシュライムジュース　　1/4
砂糖　　1 tsp

作り方

シェイクしてカクテルグラスに注ぐ

木村義久レシピ

配合は変えませんが、きりっと冷たくしたいので、シェイクは少しだけ長めにしています。

ブランディ・サワー /*Brandy Sour*

サワーの中では最もよく作られるカクテル。

材料

ブランデー　　45ml
レモンジュース　　20ml
砂糖　　1tsp
マラスキーノチェリー　　1個
オレンジスライス　　1枚

作り方

シェイクしてサワーグラスに注ぐ

木村義久レシピ

サワーという名のように爽やかでないといけない。甘くない大人のカクテルにしています。
お店では最後にほんの少しだけソーダをアップして小さな氷を一つ浮かせます。
お店ではオレンジの代わりにレモンスライスを一枚入れます。

Standard

ミリオネア / *Millionaire*

アメリカではバーボン（またはライ）ウイスキーをベースにした同名のカクテルがある。

材料

ホワイトラム　　1/4
スロージン　　1/4
アプリコットブランデー　　1/4
ライムジュース　　1/4
グレナディンシロップ　　1 dash

作り方

シェイクしてカクテルグラスに注ぐ

木村義久レシピ

レシピは変えずにお作りしています。
キリッと甘酸っぱい飲み口の良いカクテルです。

[座談会] サヴォイのDNAをつなぐ
―弟子たちが語るバーテンダー木村義久―

出席者■日名祥泰　柳原宏治　森﨑和哉
　　　　　衣川忠行　岩城浩子　安井英泰
　　　　　木村義雄　木下恭伸

サヴォイとの出会い

司会●今年バーテンダー歴50年を迎える木村義久氏ですが、彼は、小林省三氏の下で修業し、その後サヴォイに入ってきた若手を指導、独立後、新たに弟子を迎えて育ててきました。

　その弟子たちが彼をどのように慕い、はたまた恐れているか（笑）、ここで彼らに「人間・木村義久」を忌憚なく語っていただくことにしましょう。

日名●僕は阪神・淡路大震災の前年に高校を卒業し、バーテンダーとして働きたくて色々とあたりました。学校からはホテルを紹介してもらいましたが、自分としては町場に入りたかったので自力で探すことにしました。そんな時、あるバー・ブックに、小林さん、木村さんの二人が載っているのを見て、ここだと思ったのです。まだ18歳ということで一度は断られましたが、会っていただけることになり、サヴォイのお店に行きました。

　赤い絨毯とシャンデリアに圧倒され思わず怯みそうになりましたが、人生を開くためにそっと扉を開けました。

　木村さんが仕込みをしていたので、勇気を出して声をかけましたが、生まれて初めて見る「仕事をする男の姿」がカッコ良く、それを見てここで働きたいという気持ちが固まりました。

　入店してからは二人に徹底して指導されました。まだ、掃除しか出来

ない僕なので精一杯頑張りました。僕が初めてプロの作ったお酒に出会ったのがモスコミュールでした。当時カンカンとよばれる銅製のマグカップに入っていて、木村さんのモスコミュールを飲んだ時は、こんなに美味しいお酒があるのかと感動さえ覚えました。

ギムレットは、それまでジンが苦手だったのが、味に惹かれて思いが変わりました。未だに自分の舌の基準が木村さんのカクテルの味です。

柳原● 木村さんとの出会いは震災後、サヴォイ ハーバーランドのお店でした。当時、小林師匠は三宮にいらして、技術面では木村さんが師匠でした。

店に入って一番に指導されたのが、掃除でした。バーテンダーの仕事は、掃除に始まり掃除に終わるというくらい厳しいものでした。

私も舌の基準は木村さんであり、お酒とはこういうものだと学びました。小林さん、木村さんという、優劣つけられない二人のバーテンダーがいらっしゃるサヴォイは素晴らしいと思いました。マティニひとつとっても小林さんは甘め、木村さんはドライ

と異なりますが、どちらも水っぽく感じない、とても美味しいカクテルでした。今の僕の舌の基準は、二人の「良いとこ取り」、というと叱られそうですが、僕的にはそう自負しています。

森崎● 僕もハーバーランドからの入店です。大学卒業後、バーテンダーを志し、当時慕っていた東京のバーテンダーから小林さんを紹介されました。

ところが、サヴォイは今人が足りていると言われ、大阪のお店を紹介されました。その時、自分は試されているのではと考え直し、翌日またサヴォイに行きました。そこでハーバーランド店を紹介され、木村さんと、小林さんの奥様の鈴子さんと出会いました。小林さん、木村さん、鈴子ママ、三人の力関係も分からず（笑）働き始めました。

サヴォイで3年勤めた後、ヨーロッパを巡り帰国後、木村さんの独立後のお店サヴォイ北野坂に入りました。半年間、サヴォイ北野坂にいて木村さんが、新しく始めた南京町のダーツ・バー「サヴォイ プエルト」の店長になりました。

147

木村さんは「旅立つ弟子のために」という意味で作ったと言いますが、本人が単にダーツをしたかっただけかも…。その店が開店するに当たって、内装を手伝いましたが、そのお蔭で自分が独立してお店を開くときに役にたちました。

衣川●僕は、始めサラリーマンをしていましたが手に職をつけたいと思い、職安で色々な職業を探しました。その時にバーテンダーという職業を知り、興味を持ちました。

居酒屋さんで働いていましたが、その店の料理人さんが木村マスターの知り合いで、紹介していただいたのです。すぐに雇うのは無理だが週に1回、勉強会との名目でならと通うようになりました。後は、僕の経済的なことも考えて、アルバイトしながら修業が出来るように配慮していただきました。

サヴォイ北野坂に入り、木村マスターのような素晴らしい人に出会えたのは幸せです。もし、人生で最初にこんな出会いがなかったら、今もバーテンダーを続けていたかどうか自信がありません。

その後、サヴォイ プエルトで4年

働きましたが、その時の経験が、自分で店を構えた時の勉強になって良かったと思っています。

岩城●私は元々、友人とカフェをしたくて東京のスクールに行っていました。卒業後、同じ働くなら神戸でと考え探していた時に、ある方の紹介で木村マスターを知り入店しました。今のサヴォイ北野坂が開店した3日後でした。

お店に入ると先輩がいて、私も3日前に入ったところだと言われ安心しましたが大違い、彼はサヴォイ北野坂では確かに3日前からですが、大ベテランだったのです。

私はお酒のことも良く知らないでこの世界に入り、カフェの話も没になり、そんなこんなで田舎に帰ろうと思っていましたが、木村マスターが「縁があったのだから、もう少し頑張ってみたら」と言ってくださったので半年、半年の更新で続けました。でも、やはりバーテンダーは無理かなと思い相談したら、半年後「バーテンダーが無理ならお前のキャラで店をしなさい」と小さなお店を作ってくださいました。早い時間に開店して、カレーとカクテルのお店なら私で

も出来ると思ってくださったのです。本当にありがたい嬉しいお話です。田舎に帰されても仕方ないのに、何とか自立できるように配慮してくださいました。

木村マスターのお心に応えられるように、一生懸命「サヴォイ ニーニョ」という今のお店を守り立てて行きたいと思っています。

安井 ●僕は11年前、仕事を辞めてなんとなくバーテンダーがしたいなと思っていました。叔父が飲食店をやっていたので、「バー探訪」と称して飲みに連れ出されていました。最初に連れて行かれたのが、サヴォイ北野坂です。

重厚な店構えで、なんといってもその時飲んだモスコミュールが、滅茶苦茶美味しかったのです。

入らせてくださいとお願いすると、少し待ってほしいとの事でしたが、なかなか連絡がありません。業を煮やした叔父が木村マスターに連絡するとすぐにOKの返事が来ました。

今だから言えますが、どうやら忘れていたらしいのです。そういう所もマスターらしいというか、生意気な言

い方をすると憎めない愛すべき人物です。

サヴォイ北野坂で5年、その後プエルトで5年計10年近くお世話になりました。家業の都合で今は離れていますが、機会があれば何かの形で御恩返ししたいと思っています。

木村 ●僕は、木村マスターとは、この世に生まれ出てきて以来の長い（笑）付き合いです。元々、バーテンダーの仕事には、あまり良い印象を持っていなかったのです。父親の仕事というよりも、夜の仕事は嫌いでした。周りの友達は、夕方になると父親が仕事から帰ってきて、一緒に夕ご飯を食べる。そんな光景を見て、我が家は普通ではないという抵抗がありました。

それで、まったく違う仕事につきましたが、たまたま父親に「手伝わないか？」と言われたのがきっかけでアルバイト的に入りました。その時の経験で、バーテンダーの仕事が、徐々にマイナスからプラスイメージに変わったのです。

と言っても初めは人と話すのが苦手で、カウンターの内にいても辛かったです。

149

でも、家で見る父親の姿と、カウンターに立つバーテンダーとしての木村マスターとの違いを間近に見た時に、吹っ切れました。

今まで父親に甘えられなかった分、全力でぶつかっていこう、父の事をもっともっと知ってやろうと…。

お客様から、聞かされる木村マスターの話は僕にとって凄いプレッシャーでした。それを逆手にとって、どうすれば木村マスターを超えられるか意識するようになったのです。生意気な言い方ですが、それしか僕が父親を超えることは出来ないと思いました。

司会●今の話に関連して少しお話ししますと、今回事前に、木村マスターに一番尊敬できるバーテンダーは誰ですかと尋ねましたら、間髪を入れず「小林省三」との答えが返ってきました。意外でした！ あの自信家の木村マスターが、そんな風に答えたことが…。

もしかしたら、先ほどの木村さんの話がその答えかもしれません。

日名●震災後すぐ、木村マスターは、小林マスターが生きている内は彼を超えられないと言っていまし

たが、今もそう思っているのは驚きです。

二人はタイプが全く違っていて、小林さんの元でチーフとしてやっていた頃が、木村マスターとして雑念がなく最も輝いていたと思います。

木村●もし、父親がバーテンダーでなければ、僕がこの道を選んだかどうか分かりません。父はバーテンダーという職業を自分にとっての天職だと思っています。

男としてプロとして、僕もそう言えるように、日々精進していこうと思います。

木下●僕は、初めパソコン関係の仕事を自分でやっていました。学生と社会人の二足の草鞋を履いていたのです。その時に、いろんなお店に飲みに行き、そこでカクテルコンペの話を耳にしました。お店の方の好意で、2回ほど応募しましたが、結果は惨憺たるものでした。

その内に、木村マスターに会えることになり、丁稚奉公でも良いからとお願いしました。本当は翌年ヨーロッパにバックパッカーとして旅をするつもりでしたが思い切って決断したのです。

あに図らんや、先ほどの先輩と同じように（笑）僕の事を忘れていたようです。こうなれば僕も本気です、無理にでも雇ってもらいました。

いろんな人とのご縁があったサヴォイ北野坂で働くことが出来て本当に良かったと思っています。

最近、カクテルコンペで評価を得ることがありましたが、お客様や仲間たちからは褒めていただけるのですが、木村マスターだけは厳しい評価なんです。今思えば、上には上があるということなんでしょうね。普段の営業姿勢、人間性等々、木村マスターには頭が上がりません。

木村マスターからの教え

司会●それでは、木村マスターの尊敬するところをお聞かせください。全員一致で…

「物も人も捨てない！！」（笑）

日名●僕は18歳からなので、青春はすべてサヴォイでした。

女性がらみの失敗もあったりして、木村マスターにはしょっちゅう尻拭いしてもらいました。「若いからフォローはしてやるが、いずれおまえ

もそういう立場になるんだぞ！」と愛の拳固を頂戴しました。

あの時は、師匠というより親父に近い感じがしました。

衣川●僕にとっても、親父のような存在です。

僕は結婚してその後、離婚というのを経験しました。その時にシャンパンで祝ってくれたんです。なんか変な話ですが、僕にとっては良い結果だと言って喜んでくれました。本当の親のように気持ちの熱い人です。名誉のために言いますが、今は良い伴侶を得て子供も授かり、幸せに暮らしています。

木村マスターらしい逸話をひとつ─。ある時営業の終わりにコンペのフルーツのデザインを提案されたんです。少し斬新なというか…で、翌日早めに入って、それを作ったら「なんだ〜これは！」と言われました。

司会●言ったことは忘れる！ですが、許せないこともないですよね。

木村マスターの料理上手、料理好きは有名です。我々も、お相伴させていただく事は多々ありましたが、刺身包丁でお客さんの釣果のメバルを姿造りにするのはともかくとして

も、ペティナイフで魚をさばくのには驚きました。

安井●翌日、店に入ると鱗だらけでした（笑）

森﨑●バーテンダーはカクテルだけでは駄目ということを体現していたように思えます。

「盗んで覚えろ！」的ですが、盗んでいる気配は気づいていて、そんな時は、角度を分かりやすく見せてくれたり、速度を落としたりして黙って教えてくれました。その時は分からなかったけれど、歳月が経って木村マスターの優しさを知ることもありました。

いつまでもカウンターの中に

司会●最後に皆さんから、木村マスターへの希望を述べてください。

日名●僕には、木村マスターと同じで子供がいて家族があります。ですから、自分も木村マスターのように家族を大切にしながら、バーテンダーを続けていきたいと思っています。

ただ一つの希望なのですが、月に一度でも良いから入店当時を思い出して、木村マスターの横で仕事

がしたいです。あの時の緊張感が忘れられません。

柳原●木村マスターは今年70歳。初めて出会ったのが50歳の時…。自分が70歳の時にあんな風になれるのか疑問です。

バーテンダーとして、とてもカッコイイ木村マスターは僕の目標です。ああいう、良い爺（じじい）になりたいです。

森﨑●ありがたいことにサヴォイに入って、師匠と呼ばせてもらえる二人がいる中で育ちました。

今、店を構えてみると悩むことも多く、不安とか感じた時に、木村マスターの顔を見るとホッとします。育ててくれた人が身近にいることで頑張れます。

コンペなどで応援してくれたり、面倒見てくれたり、あるいは喜んでくれたり、そんな姿に触れることが嬉しいです。

理不尽さも今のままで、無茶苦茶さもあのままで、何もかも変わらず元気で傍にいてほしいです。

衣川●バーテンダーになって15年、今の自分があるのは木村マスターのお蔭です。サヴォイの木村マス

ターがいなければ、バーテンダーを続けていたかどうか不安です。まだまだお世話になりたいので、いつまでも元気でいてほしいです。

岩城●先輩方と同じように、木村マスターには元気でいてほしいと思っています。ただ、以前から言っておられることですが、月に一度くらい、好きなお料理を出して居酒屋の亭主として遊んでほしいです。

安井●今まで通り、良くも悪くも「頑固」でいてほしい。それが木村マスターの活力で、80歳、90歳になってもカウンターの中に入っていてほしいです。

それから、もう少しお酒を減らしてください、お願いします。

木村●僕には今年5歳になる息子がいます。木村マスターと僕、そして息子と三人で男飲みしたいので、身体を労って下さい。

それが僕の夢であり、恥ずかしながら木村マスターの息子として生まれた喜びを味わわせて下さい。

また、ここでお話しすることではないかもしれませんが、このような席に関わらせていただいたことを、息子として、皆さんに感謝しています。

木下●木村マスターには、雇っていただき育てていただいて、感謝しています。ただ、最近はあまり弟子を取らなくなったので少し心配です。

弟子の私が言えることではないかもしれませんが、サヴォイの遺伝子が途絶えることが、なんとなく不安で…すみません、余計な事を言って。

でも新しい弟子がいて色々回すことが出来れば、木村マスターも健康のこととか余裕をもって考えられると思います。

僕としては「木村マスター、ご自愛下さい」としか言えません。

そして、まだまだいっぱい教えてください、お願いいたします。

司会●皆様、本日は興味深いお話をありがとうございました。

お話の端々から木村マスターに対する尊敬の念・愛情というものが感じられました。師匠と弟子として、今まで以上に絆を深めていただくことを望みながら、閉会させていただきます。

153

木村さんは偉大な存在
飯塚信明

僕は20歳の時に神戸に来て、バーの修業をしようと考えました。バーのガイドブックでサヴォイを知り、無給でも良いからと入店させてもらいました。

それまで家庭的な雰囲気に縁がなかったのですが、小林省三さんをお父さんと呼び、鈴子さんをママ、そして木村さんをお兄さんと呼んで、まるで家族のような仕事場でした。

僕にとって忘れられないのは、賄いの時に木村さんが僕用に大盛りのオムライスを作ってくれて、その上にケチャップで「信明」と書いてくれた事です。いつも相手を気遣う木村さんらしさに涙が出ました。時として叱られた事もあったとは思いますが、今考えると、すべて僕のためだったのだと思います。

一言で表現するなら、すべて優しさの表れだと思います。偉大な存在です。

Bar Martini (バー マティーニ)
飯塚 信明
神戸市中央区加納町4-8-15キーウェスト(AMU)B1F
TEL.078-322-1117

Bar SAVOY osaka (バー・サヴォイ オオサカ)
日名 祥泰
大阪市西区江戸堀1-1-9宝肥後橋ビル1F
TEL.06-6445-2077

Bar da Salice (バール ダ サリーチェ)
柳原 宏治
神戸市中央区中山手通1-3-4サンドストーンコート1F-3号
TEL.078-391-3222

SAVOY hommage （サヴォイ オマージュ）
森﨑 和哉

神戸市中央区下山手通5-8-14山手ダイヤハイツ1F
℡.078-341-1208

六甲園
安井 英泰

神戸市灘区琵琶町1-1-23
℡.078-841-0289

BAR Sonora （バー ソノラ）
衣川 忠行

神戸市中央区下山手通2-4-13永都ビル
神戸一番館3F-E
℡.078-392-6715

SAVOY Puerto （サヴォイ プエルト）
木村 義雄

神戸市中央区元町通2-2-7尾下ビル2F
℡.078-331-8654

SAVOY NIÑO （サヴォイ ニーニョ）
岩城 浩子

神戸市中央区三宮町3-9-4
℡.078-331-2275

SAVOY KITANOZAKA（サヴォイ北野坂）
木下 恭伸

神戸市中央区中山手通1-7-20第3天成ビル4F
℡.078-331-8977

155

小林省三氏の思い出

　わが師・小林省三氏は、このカクテルブック製作中の2015年10月14日に、静かに息を引き取りました。兄貴のような、父親のような、言わば肉親の情が通っていたのだと思います。省三夫妻には子供がいなかったので、長い間一つ屋根の下で、三人で暮らしました。

　奥様の鈴子ママは和食中華の達人で、色々と仕込まれました。もともと祖母が私のために家庭料理のイロハを教えてくれていましたし、料理そのものに興味がありましたので楽しんで学びました。今お店でチョコチョコとお出ししている料理は、その頃に覚えたものです。

　私が、バーテンダーになった初期から今まで、いつも先を進んでいた省三氏、彼を超えることが私の目標でした。同じグラス、同じ氷、同じ分量で作るマティーニ。何度挑戦してもかないませんでした。

　晩年はなかなか競うことが出来ませんでしたが、いつかは彼より美味しいマティーニを作ってみせる、そう思って毎日繰り返してきました。経験の差が味に表れるとしたら、私は何歳までバーテンダーを続けたら良いのでしょうか…?

　ボンボンで何不自由なく育った彼が、終戦によってすべてを失い、学業もそこそこに働くことになりました。その頃の彼の思いは、私には推し量ることは出来ませんが、一生を通じて飄々と生き、最後までお殿様気分で居続けられたのは、彼の人間的な魅力によるものだと思います。

　震災前に2年間店に入っていた飯塚君、日名君、柳原君、森﨑君、衣川君、岩城さん、安井君、息子の義雄、木下君、みんな省三氏の弟子でありファンでした。

　かく言う私も唯一無二のバーテンダーとして尊敬し、大好きな人です。彼が亡くなる前の5年間、再び一緒に暮し、お世話できたことは私の一生の思い出です。

　きっと今は、天国でママと喧嘩しながらも（笑）、ウイットに富んだトークを交えて、美味しいカクテルを作っていることと思います。

●木村義久プロフィール

1946 年	3月18日生まれ
1967 年	21歳でSAVOY 小林省三氏に弟子入り
1972 年	JBA カクテルコンペにてショート部門第1位「トレロ・デ・サングレ」（血まみれの闘牛士）
1980 年	サントリー・トロピカルカクテルコンテストにてグランプリ受賞「ソル・クバーノ」（キューバの太陽）
	同年秋に、グランプリ賞品としてニューカレドニアに招待。その時に奥様との運命の出会い
1982 年	3月14日　結婚
1995 年	1月17日　阪神・淡路大震災。SAVOYも被災する
1996 年	SAVOY ハーバーランド店をオープン。8年間営業
1998 年	神戸市優秀技能者表彰
2000 年	NBA ベストバーテンダーに顕彰される
2002 年	1月8日　SAVOY 北野坂をオープン
2003 年	インターナショナル・バーテンダー資格を取得
2004 年	現在の場所、第3天成ビル4階に移転
	(社)日本バーテンダー協会関西統括本部神戸支部支部長に就任
2005 年	元町に、SAVOY Puerto をオープン
2006 年	(社)日本バーテンダー協会関西統括本部副本部長に就任
2007 年	NBA マイスター・バーテンダーに認定
2008 年	(社)日本バーテンダー協会副会長、及び同関西地区統括本部本部長に就任
2008 年	SAVOY NIÑO をオープン
2009 年	神戸市技能功労者表彰を受ける
2013 年	10月3日　兵庫県生活衛生同業組合連絡協議会大会にて全社連会長賞を受賞
2014 年	10月5日　神戸マイスターに認定
2014 年	10月28日　生活衛生功労者厚生労働大臣表彰を受ける

INDEX

オリジナル・カクテル

■ア
あけみ……27
アマリーロ……51
アメイジング・バイオレット……33
エスメラルダ……39

■カ
ガーネット・フォー・ユー……31
かすみ草……41
クリスタル・ジャパン……37
クリスタル・ニッポン……17

■サ
サン・エキスポ……21
スントーサ……53
ソル・クバーノ……13

■タ
トレロ・デ・サングレ……15

■ハ
ハーバーランド・マティーニ……19
ビバ・コウベ……23
ビバ・サヴォイ……25

フェリス……49
ブルー・ベール……35
プロスペラール……47
ベルデューラ……45
ボス……29

■ラ
ルペオ……43

スタンダード・カクテル

■ア
アドニス……74
アラスカ……61
アレキサンダー……101
XYZ……103

■カ
カミカゼ……81
キッス・オブ・ファイヤー……96
ギムレット……75
キューバ・リバー……105
グラスホッパー……107
コウベ・ハイボール……109
コスモポリタン……83

■サ

サイドカー……111

シカゴ……140

ジプシー……85

シャーリーテンプル……141

ジャック・ローズ……113

ジン・トニック……76

ジン・フィズ……77

ジン・リッキー……63

スカイ・ボール……97

スプモーニ……142

スレッジ・ハンマー……98

ソノラ……115

ソルティ・ドッグ……87

■タ

ダイキリ……143

ツァリーヌ……99

テキサズ・フィズ……65

■ナ

ニコラシカ……117

ニューヨーク……119

■ハ

ハーベイ・ウォールバンガー……89

■（右列）

バラライカ……91

ハリケーン……121

パリジャン……78

バロン……79

ビトウィーン・ザ・シーツ……123

ブラッディ・メアリー……93

ブランディ・サワー……144

ブルー・ムーン……67

フローズン・ダイキリ……125

ホール・イン・ワン……127

ホワイト・レディ……69

■マ

マイアミ……129

マタドール……131

マティニ……71

マルガリータ……133

マンハッタン……135

ミモザ……137

ミリオネア……145

ミリオン・ダラー……73

モスコミュール……95

モヒート……139

編集を終えて

いやはや、大変でした。

木村義久氏のバーテンダー歴五十周年の記念にカクテルブックを作りましょうという熱い思いでスタートしましたが、怖いもの知らずの素人3人が集まってのBOOK製作です。

徒手空拳で挑んだ戦いは遅々として進まず…。

結果、神戸新聞総合出版センター様のご尽力のお蔭で良い本になりました。(自画自賛)

色んな人達の、心のこもった本が出来上がった事を嬉しく思っています。

何より我々を突き動かした「人間　木村義久」が生きた証を残せて大満足です。(注:本人はいまだ健在)

関わってくださったすべての方達に、感謝感謝でいっぱいです。

片山 博章
八木 弘
六車 ゆき子

木村義久 カクテルブック
～今宵、KOBEでソル・クバーノを～

2017年1月29日　初版第1刷発行

著者―木村義久
SAVOY北野坂
〒650-0004 神戸市中央区中山手通1-7-20　第3天成ビル4階
TEL 078-331-8977

発行者―吉村一男
発行所―神戸新聞総合出版センター
〒650-0044　神戸市中央区東川崎町1-5-7
TEL 078-362-7140／FAX 078-361-7552
http://ec.kobe-np.co.jp/syuppan/html/

協力／片山博章　八木 弘　六車ゆき子
写真撮影／金城康憲　木下恭伸
デザイン・DTP／小林デザイン事務所
印刷／神戸新聞総合印刷

落丁・乱丁本はお取替えいたします
©Yoshihisa Kimura 2017,Printed in Japan
ISBN978-4-343-00923-4　C0077